WER DEN TONTOPF-TREND JETZT NOCH NICHT KENNT, ...

...dem kann mit diesem Buch geholfen werden. Für Tontopf-„Freaks" gibt's auch etliche Projekte, die zum Nachbasteln inspirieren sollen. Einfache Topfformen werden zur dekorativen Säule nach Hundertwasser Art und bilden auch die Grundlage für einen Esel, der schwer an seiner Blumenlast zu tragen hat. Niedliche Figuren wie die Indianerin, die Hexe oder das Jeans-Girlie entstehen durch kleine Tontöpfe, Holzkugeln, Filz, Bast und Jeansreste. Ein großer Rosentopf spielt - mit Serviettentechnik ganz schnell und einfach zum Zeitungsrohr umgestaltet - in Zukunft eine tragende Rolle am Zaun und das Gartenhaus passt zu Gärtner und Gärtnerin aus dem Buch „TonTopfTräume". Viel Spaß und Bastelerfolg bringt das Bemalen von und Gestalten mit Tontöpfen und auch die Scherben können mitverwendet werden!

Trotzdem wenig
Tontopf-Bruch wünscht

Martina Hertel

W0464113

Werkzeuge und Hilfsmittel

Für Sperrholzteile, wie Fensterläden oder Schildchen, verwenden Sie die **Laubsäge** oder eine kleine elektronische **Dekupiersäge** mit normalem Sägeblatt. Oder Sie ersetzen manche Teile mit einer Scherbe, die Sie mit dem **Hammer** und der **Kombizange** in Form bringen. Die Kombizange zwickt außerdem auch den **Steckdraht** ab, der zum flexiblen Verbinden der Töpfe verwendet wird. Schwarzblau geglühter Steck- oder Blumendraht kann in einer Stärke von 1 bis 1,2 Millimetern verwendet werden; er ist weich, lässt sich über einem **Bleistift** oder Schraubendreher spiralig biegen, schmückt und hält fest.

Den **Bleistift** brauchen Sie auch, um vom Vorlagenbogen auf einen **Transparentbogen** Konturen nachzuzeichnen. Anschließend können Sie den Transparentbogen zusammen mit einem **Blaupapier** auf das Werkstück legen und alle Striche nachziehen. Weiter wurde **weicher Aluminiumdraht** aus dem Bastelbedarf mit zwei Millimetern Durchmesser verwendet; **Alublech** in der Stärke von 0,15 Millimetern formt Flügel. Heißkleber in einer **Heißklebepistole** sichert zusammengestellte Töpfe vor dem Verrutschen, ist aber kein Ersatz für einen guten **Alleskleber,** der Tontöpfe haltbarer klebt.

Einen breiten flachen, einen schmalen flachen und einen feinen **Pinsel für Acryl-Farbe** sollten Sie sich leisten. **Terrakottastifte** werden für den Auftrag der feineren Konturen und Gesichter benutzt. Falls Sie Ihr fertiges Projekt durch **Klarlack** noch haltbarer machen wollen, stellen Sie sicher, dass der Lack den Auftrag der Terrakottastifte nicht anlöst.

MATERIAL

Die **Tontöpfe und -untersetzer** werden jeweils beim Projekt mit **Außen-Durchmesser (oben gemessen)** und Ausführung beschrieben:
b heißt **bauchiger** Tontopf,
g heißt **gerader** (einfacher) Tontopf.

Als Abstandshalter, Köpfe und Gelenke werden **Holzkugeln** in verschiedenen Durchmessern und Lochungen **(VL heißt volles, durchgehendes Loch,** falls es anwendungstechnisch eine Rolle spielt, Halbloch ist immer notwendig!) verwendet. Für die Holz-Kleinteile wurde **4- bis 8-mm-Pappelsperrholz** mit sehr glatter Oberfläche benutzt; Reste gibt es beim Holzzuschnitt im Baumarkt. Wasserfeste **Acryl-Bastelfarben** in matter Ausführung in den Farben Karminrot, Ultramarinblau, Goldgelb, zusätzlich Weiß und Schwarz, lassen sich theoretisch zu allen Farbnuancen mischen.

Vogelhaus „Sonnenblume“

Farben: Schwarz, Weiß, Goldgelb, Maigrün, Braun
Ultramarinblau, Karminrot
gelber, schwarzer und weißer Terrakottastift

Tontöpfe: 1x(g) 22 cm

Material: 8-mm-Sperrholz, Aststückchen
Sisalschnur, Krepp-Klebeband

Falls Ihr Tontopf nicht den passenden Durchmesser hat und somit die Maße der Sperrholzscheibe nicht passen: Stellen Sie den Tontopf als Schablone auf Ihr Sperrholzstück und messen Sie dann einen Zentimeter nach innen. Mit dem Lochbohrkranz der Bohrmaschine wird ein 32-mm-Loch (für Meisen) gebohrt. Zwei weitere Löcher in der Stärke von Zweigstück und Sisalschnur sind anzubringen. Malen Sie das Sonnenblumenmuster auf, bringen Sie Konturen und Lichter, Punkte und Striche nach dem Trocknen der Acrylfarbe mit den Terrakottastiften auf. Für die Bemalung des Tontopfes finden Sie einen Muster-Rapport auf dem Vorlagenbogen: Gerade Linien gelingen, wenn Sie die Farbbereiche mit dem Krepp-Klebeband abkleben.

Bienchen und Karomuster sind mit den Terrakottastiften gemalt. Die Sperrholzscheibe sollte satt im Topf liegen und mit dem Durchzug durch Scheibe und Topfrückseite der Sisalschnur sicher sitzen. So kann der Topf auch regelmäßig gereinigt werden, falls sich Meisen einnisten. Das Ästchen wird ins untere Loch gesteckt. Achten Sie auf eine regen- und sonnengeschützte Umgebung beim Aufhängen!

Schilda – Die Schildkrötenmama

Farben:	Hellgrün, Goldgelb Karminrot, Ultramarinblau Terrakottastifte in Schwarz
Tontöpfe:	**Füße:** 4x (g) 4,5 cm; **Untersetzer:** 1x 30 cm
Material:	**Kopf:** Kunststoffrosenkugel 15 cm Holzstab 12 mm

Der große Untersetzer wird auf seiner Außenseite flächig mit Hellgrün bemalt; die Kunststoffrosenkugel ebenso.
Der Gesichtsauftrag kann nach dem Trocknen der Farbe ganz gut mit den Terrakottastiften erfolgen. Die Wellenlinie auf dem Untersetzer und die Punkte malen Sie am besten mit den Terrakottastiften.

Der Untersetzer wird auf die vier kleinen Töpfchen gesetzt; der Kopf mit dem grün bemalten Holzstabstück in die Erde gesteckt. Schilda kann schon ein bisschen was tragen und passt wunderbar zur „Schildi" aus dem Heft „TonTopfTräume"!

Farben: Schwarz, Weiß, Haut, Braun
schwarze und weiße Terrakottastifte

Tontöpfe: **Kopf:** 1x (g) 13 cm
Körper: 1x(g) 15 cm
Beine: 2x 7 cm
Pflanztöpfe 2x(b)15
Scherben

Material: Sisalschnur (Wäscheleine)
schwarze Schnur/Wolle
(für Schwanz)
Blumenerde

Bemalen Sie die einzelnen Töpfe vor dem Zusammenbau: Die untere Kopfpartie wird hautfarben, ebenso die Hufe. Malen Sie einen Haarrand in Braun. Kleben Sie aus Scherben Ohren zusammen und bemalen Sie das Innere mit Haut. Bringen Sie nun Konturen, Augen usw. mit den Terrakottastiften an. Danach fixieren Sie mit Heißkleber die Ohren am Kopf, das hängende Ohr außen am Kopf, das stehende innen im Topf. Kleben Sie die beiden Bein-Töpfe an den Körper-Topf. Danach fixieren Sie den Kopf-Topf mit gutem Kraftkleber im Körper-Topf. Achten Sie auf besonders gute Klebung am Kinn!

Ein Stück Sisalschnur verbindet die beiden Pflanztöpfe miteinander. Kleben Sie die Schnur unter dem Topfrand fest. Verbinden Sie beide Stränge auf dem Eselrücken mit einem weiteren Stück Schnur. Der Kopf des Esels kann nun mit Pflanzerde befüllt werden. Vier, fünf Stränge schwarzer Schnur wird geflochten, abgeknotet und als Schwanz am Hinterteil angeklebt.

Esel Manolo

Jeans-Girlie

Farben:	Haut, Weiß, Karminrot schwarze und weiße Terrakottastifte
Tontöpfe:	Untersetzer 7 cm Körper: 1x(g) 7 cm, Beine: 1x(g) 5,5 cm
Material:	Holzkugeln: 2x 50 mm (VL), 2x 12 mm (VL) Steckdraht, kleines Körbchen, Jeansreste Tuchreste, Bast

Nur noch zu erahnen sind die drei Tontöpfe beim Jeans-Girlie.

Den Untersetzer bemalen Sie flächig mit Karminrot; die Holzkugel für das Gesicht hautfarben. Augen, Mund und Nase können mit den Terrakottastiften gemalt werden. Die zweite Holzkugel sitzt innen im Körper-Topf, der weiß bemalt wird. Der Bein-Topf wird mit einem Stück Jeans, bei dem die Naht in der Mitte sitzt, beklebt. Der Körper-Topf wird rundherum mit Jeans beklebt, eine kleine Taschenform wird ausgeschnitten und aufgeklebt. Die Arme bestehen aus Steckdraht: Drehen Sie den Anfang des Drahts um und fädeln Sie die erste 12-mm-Holzkugel auf. Am anderen Ende fädeln Sie die zweite Kugel auf und verdrehen den Steckdraht, so dass die Kugel nicht mehr herausrutscht. Jetzt können Sie die Distanz von Kugel zu Kugel noch durch ein paar Spiralen verkürzen. Umkleben Sie dann den Steckdraht mit einem rund sechs Zentimeter breiten Streifen Jeansstoff.

Beginnen Sie beim Zusammenbau mit dem Beintopf: Drehen Sie ein Stück Steckdraht spiralig, stecken Sie es von unten durch den Topf. Setzen Sie eine große Holzkugel auf und danach den Körper-Topf, abschließend dann die Kopf-Kugel. Kleben Sie das Drahtende in der Kopf-Kugel fest. Fixieren Sie die Ärmel mit einigen Tropfen Heißkleber in Schulterhöhe. Kleben Sie nun den Untersetzer – bemalt mit dem Schuh-Muster – von unten auf. Befestigen Sie den kleinen Picknickkorb am Drahtende des Armes. Ein fingerdicker Baststrang wird mit zwei Jeansstreifen abgebunden und an diesen am Kopf festgeklebt. Einige Bastreste – unter das Haupthaar geklebt – formen einen Pony.

UNSer
GartenHaus

Unser Gartenhaus

Farben:	Schwarz, Weiß, Karminrot, Ultramarinblau Goldgelb, Maigrün, Terrakottabraun schwarze und weiße Terrakottastifte
Tontöpfe:	**Untersetzer:** 2x 11 cm, 1x 15 cm 1x(g) 11 cm, 1x(g) 13 cm, 3x(g) 3,5 cm
Material:	4-mm-Sperrholz, Nagel, Dekozäunchen

Bemalen Sie die einzelnen Töpfe vor dem Zusammenbau, das fällt Ihnen leichter. Der Boden-Topf ist ein 11-cm-Untersetzer, der komplett grün grundiert wird. Danach folgt der 13-cm-Topf, der einen weißen Rand erhält. Ins Ultramarinblau mischen Sie ein bisschen Weiß oder Sie verwenden ein schönes Blau Ihrer Wahl. Als nächstes kommt der große Untersetzer, der ebenfalls einen weißen Rand kriegt, die Ziegelkonturen werden mit dem schwarzen Terrakottastift aufgemalt. Der 11er Topf bildet – blau gefärbt – das erste Stockwerk, während abschließend wieder ein kleiner 11er Untersetzer das oberste Dach bildet.

Der Kamin ist aus den drei kleinen Töpfchen geformt. Nun setzen Sie die Teile zusammen und fixieren sie mit gutem Kraftkleber. Sägen Sie die drei Sperrholzteile aus und kleben Sie sie nach dem Bemalen an. Der Nagel am Schildchen hat keine Halte-, nur eine Deko-Funktion. Die kleinen Blümchen am Boden können Sie mit dem Pinsel, oder mit verschiedenen Terrakottastiften aufmalen. Das Dekozäunchen macht aus dem Dach eine Dachterrasse.

Säule nach Hundertwasser Art

Farben:	Gold, Schwarz, Weiß, Ultramarinblau, Karminrot, Goldgelb, Hellgrün schwarze und weiße Terrakottastifte
Tontöpfe:	2x Rosentopf 17 cm, 3x(g) 13 cm 1x(g) 11 cm, 1x(g) 9 cm, 1x(g) 3,5 cm
Material:	Kunststoffrosenkugel ca. 15 cm

Am wichtigsten bei der Säule ist ein guter Kleber. Die Kunststoffkugel wird goldfarben und bekommt über die Stelle, die normalerweise für die Aufnahme eines Holzstabes gedacht ist, einen schwarzen 3,5-cm-Topf geklebt. Bemalen Sie die Säule mit Ihren Lieblingsfarben; beim helleren Blau mischen Sie etwas Weiß ins Ultramarinblau. Einen Rapport der grafischen Muster finden Sie auf dem Vorlagenbogen, aber benutzen Sie doch eigene Designs!

Tipis & Totempfahl

Farben:	Schwarz, Weiß, Ultramarinblau Goldgelb; Karminrot, Maigrün farbige, schwarze und weiße Terrakottastifte
Tontöpfe:	1x(g) 18 cm, 1x(g) 11 cm 8x(g) 3,5 cm, Scherben
Material:	Zweigstücke, Bast

Die beiden Töpfe für die Zelte werden weiß grundiert, erhalten einen schwarzen Farbauftrag dort, wo der Tipi-Eingang sein soll, und mit den farbigen Terrakottastiften ein typisches Indianermuster aufgemalt. Ein paar unregelmäßig abgeschnittene Zweige werden mit etwas Bast zusammengebunden, auseinandergespreizt und auf die Zelte aufgeklebt.
Ein Stückchen weiß gefärbter Zweig spielt die aufgerollte Plane am Zelteingang. Aus den kleinen Töpfchen wird der Totempfahl zusammengeklebt; die Flügel des Adlers sind – wie sein Schnabel – aus Scherben. Danach malen Sie erst die Farben unter dem Indianermuster auf. Das Muster selbst gestalten Sie am einfachsten mit den verschieden farbigen Terrakottastiften.

Kombinieren Sie Tipi und Totempfahl mit der Indianerin „Die auf dem Topf steht" auf der nächsten Seite

Indianerin
"Die auf dem Topf steht"

Farben: Schwarz, Weiß, Haut
farbige, schwarze und weiße
Terrakottastifte

Tontöpfe: **Körper:** 2x(g) 6,5 cm, Untersetzer 7 cm

Material: **Holzkugeln:** 1x 50 mm, 2x 10 mm (VL)
Steckdraht, schwarze Wolle
weißer Filz, braunes Lederband
weißes Lederband, Feder

Mit den schwarzen Terrakottastiften wird auf dem Untersetzer das Schuh-Muster aufgemalt. Die bunten Tupfen auf dem Schuh malen am besten die farbigen Stifte. Die zwei Töpfe für den Körper der Indianerin werden hautfarben bemalt, genauso wie die große Holzkugel. In die Kopfkugel kleben Sie in das untere Loch ein in der Mitte geknicktes Steckdrahtstück, führen beide Enden durch den Oberkörpertopf und spreizen sie dort. Dann kleben Sie Oberkörper- und Beintopf zusammen. Zwei 10-mm-Kugeln werden auf ein Steckdrahtstück gefädelt; das Drahtstück wird durch spiraliges Verdrehen auf die richtige Länge gebracht. Ein sechs Zentimeter breites und rund zehn Zentimeter langes Filzstoffstück wird an einer Seite in Fransen geschnitten über den Steckdraht gezogen und festgeklebt. Den Unterkörper umkleben Sie mit einem Filzstoffstück, genauso wie den Oberkörper. Nun kleben Sie die Arme am Filz von hinten in Schulterhöhe fest. Zehn Zentimeter lange Wollfäden werden von der Mitte ausgehend zu je einem Zopf geflochten, mit einem weißen Lederbandstück abgebunden und an den Kopf geklebt. Das Lederbandstück um den Kopf muss hinten angeklebt werden, ebenso wie die Feder. Das Gesicht malen Sie am besten mit den Lackstiften. Der Untersetzer wird festgeklebt und erhält noch zwei braune Lederbandschnürsenkel. Die Halskette malen Sie am besten mit den Terrakottastiften.

Bienen-Klangspiel

Farben:	Schwarz, Goldgelb weiße und schwarze Terrakottastifte
Tontöpfe:	1x(b) 11 cm
Material:	**Holzkugeln:** 1x 50 mm (VL); 4x 20 mm (VL) 2-mm-Aluminiumdraht 0,15-mm-Aluminiumblech 5 Klangstäbe, Faden

Der Topf wird goldgelb grundiert und erhält anschließend die pinselbreiten schwarzen Streifen. Alle Holzkugeln werden schwarz bemalt, das Gesicht mit Terrakottastiften aufgetragen. Für Arme und Beine wird je ein rund 30 cm langes 2-mm-Aludraht-Stück an einem Ende umgebogen. Nun können Sie die erste Kugel auffädeln. Drehen Sie bis zur Mitte den Draht spiralig, lassen zwei Zentimeter gerade und drehen weiter bis zum anderen Ende. Dort fädeln Sie wieder eine 20-mm-Kugel auf und knicken den Draht so um, dass die Kugel fest sitzt.

Zwei rund 30 cm lange Aludrahtstücke werden mit der Kombizange flach spiralig gedreht und die zwei Enden ins obere Loch der Kopf-Holzkugel geklebt. Von unten kleben Sie in die Kopf-Holzkugel ein Stück in der Mitte geknickten Aludraht, den Sie dann in das Tontopfloch stecken und innen spreizen. An diesem Draht können Sie die Beine aufhängen.

Die Arme werden in Schulterhöhe hinter den Kopf gelegt und mit einem Tropfen Kleber fixiert. Schneiden Sie mit der Schere aus dem Alublech die beiden Flügel aus und kleben Sie diese mit Heißkleber am Bienenkörper an. Die Klangstäbe haben verschieden lange Fäden, die mit dem Heißkleber in regelmäßigen Abständen im unteren Drittel des Bienenkörper-Tontopfs festgeklebt sind.

SUMM

Kuh-Gehänge

"Wild Wild West"

Farben:	Schwarz, Weiß, Haut, Braun schwarze und weiße Terrakottastifte
Tontöpfe:	1x(g) 16 cm, 8x(g)3,5 cm, Scherben
Material:	Strohhut ca. 18 cm, Bast, Halstuch Schnur zum Aufhängen

Yippieh! Auf den großen Topf malen Sie das Kuhgesicht auf: Beginnen Sie mit einer weißen Grundierung. Die Ohren und die Hörner sind aus Scherben. Malen Sie die Konturen und Lichter nach dem Trocknen der Farbe. Die Kuhklauen sind aus je zwei kleinen Töpfchen, die jeweils zusammengeklebt und mit Bast zusammengebunden sind. Der Strohhut wird am Schluss auf die Hörner geklebt, die aus dem Bruchrand eines Topfes entstehen können. Mit der Schere bohren Sie ein Loch in die Hutmitte, führen eine starke Schnur durch Hut und Topf und hindern die Schnur durch einen starken Knoten am Durchrutschen. Ein rotes Schnupf- oder Halstuch bringt echtes Country-Feeling!

Rosenmohntulpen

Farben: Schwarz, Weiß, Karminrot
Terrakottastifte in Schwarz und Weiß

Tontöpfe: 3x(b) 11 cm, 3x(g) 3,5 cm, Scherben

Material: 18 Dekostecknadeln silber
1-m-Aluminiumstab, grüner Feinbast

Nicht ganz einfach ist die Artenbestimmung bei diesen Blumen; sicher ist nur: Sie schauen gut aus.

Jede Blüte besteht aus einem bauchigen 11-cm-Tontopf und einem kleinen geraden 3,5-cm-Tontopf, der ganz schwarz bemalt wird. Der große Topf wird bis auf den inneren Topfboden karminrot bemalt; der Topfboden innen wird weiß. Auf den Topfboden kleben Sie den kleinen schwarzen Topf. Kleben Sie je ein rund 30 cm langes Stück Aluminiumstab in die beiden Töpfe. Danach kleben Sie je sechs Dekostecknadeln an den inneren Rand des kleinen Topfes und füllen diesen mit ein bisschen grünem Feinbast auf.

Aus Scherben werden je Blüte vier Blätter grün bemalt und von unten auf den bauchigen Topf geklebt. Die Alustäbe sind mit grünem Feinbast umwickelt, der oben und unten mit einem Tropfen Heißkleber fixiert werden kann.

Farben: Decoupage-Medium (Lack und Leim)

Material: Rosentopf 24 cm
Zeitung (die mit den großen Buchstaben) Sisalschnur

Total schnell gemacht und mit einer eindeutigen Botschaft! Schneiden oder reißen Sie aus Ihrer Zeitung von heute Teile heraus und kleben Sie sie mit der Serviettentechnik auf den Rosentopf. Aus der Zeitung mit den großen Buchstaben lassen sich wunderbar einzelne Buchstaben oder ganze Worte ausschneiden, die prägnant genug sind, dem Zeitungsboten den Weg zu weisen. Eine dicke Sisalschnur durch das Loch am Ende des Rosentopfes ist stabil genug für die Aufhängung am Gartenzaun.

ZEITUNGSROHR

Her mit der Zeitung!

Das Hexenhaus

Farben:	Schwarz, Weiß, Karminrot, Goldgelb Maigrün, Terrakottabraun schwarze und weiße Terrakottastifte
Tontöpfe:	**Untersetzer:** 2x 11 cm, 1x 15 cm; 1x(g) 11 cm 1x(g) 13 cm, 2x(g) 3,5 cm
Material:	4-mm-Sperrholz, Nagel Bastrest für Rabenfrisur

Der Aufbau der Tontöpfe beim Hexenhaus erfolgt wie beim Gartenhaus. Grundieren Sie die „Stockwerke" komplett weiß; mischen Sie sich aus Goldgelb und Karminrot etwas Orange und tragen Sie die Bereiche auf, die Backsteine und Ziegel darstellen sollen; färben Sie optisch tiefer liegende Bereiche mit mehr Karminrot oder Terrakottabraun dunkler. Die Konturen, Risse und Mörtelfugen malen Sie nach dem Trocknen der Farbe mit den Terrakottastiften auf.
Den kleinen Raben färben Sie ganz Schwarz und tragen die Augen und Flügel mit den Terrakottastiften auf, den Schnabel mit Gelb. Wenn Sie beim Malen der Treppenstufen das Maigrün abdunkeln wollen, mischen Sie etwas Terrakottabraun mit hinein. Hellere Bereiche heben Sie mit Goldgelb im Maigrün hervor.

Nur für Hexen!

Hexe Goldie

Farben: Schwarz, Weiß, Karminrot, Haut
goldener, schwarzer und weißer
Terrakottastift

Tontöpfe: **Körper:** 1x(g) 7 cm, 1x(g) 5,5 cm
Hut: Untersetzer: 1x 7 cm
2x(g)3,5 cm

Material: **Holzkugeln:** 2x 10 mm, 1x 50 mm
goldenes Feenhaar, Zweigstückchen
Bastrest, Steckdraht

Die Holzkugel für den Kopf (50 mm) erhält wie die beiden Hand-Kugeln einen hautfarbenen Anstrich; danach wird das Gesicht mit den Terrakottastiften bemalt. Der 5,5-cm-Topf markiert einen Umhang und erhält einen schwarzen Grundanstrich, der mit goldenen Punkten des Terrakottastifts verziert wird. Der Rock wird karminrot grundiert und erhält mit Schwarz zwei Schuhe angedeutet. Für den Hexenhut wird der Untersetzer schwarz bemalt, ebenso beide Töpfe, die die Hutspitze formen. Der Rand des oberen kleinen Topfes wird karminrot grundiert und erhält eine goldene Schnalle aufgemalt. Die Kopfkugel bekommt unten ein in der Mitte geknicktes Stück Steckdraht eingeklebt, dessen beide Enden in den Umhang-Topf gesteckt und innen gespreizt werden. Ein fingerdickes Bündel Bast wird abgebunden und ein Zweigstückchen in die Mitte gesteckt. Der Besen wird – wie die Hände – vor den Bauch von Goldie geklebt. Die Feenhaare kleben Sie unter den Hut.

Vielseidig Verlag

noch mehr mit Tontöpfen von Martina

Tontopfträume
Lustige Ideen aus Tontöpfen mit Holzteilen und Farbe verziert
ISBN 3-935467-52-4
Best.Nr. 67524

Laubanger 19b 96052 Bamberg **Vielseidig Verlag** GmbH Tel. 0951/ 6 89 97 Fax. 0951/ 60 32 99